AF456330

LA

CONSTITUTION

DE

L'HOTEL-DU-ROULE;

OU

Les Cent-une Propositions de la très-célèbre

MADAME PARIS.

A CONDOM,

L'an des C... 1755.

B R E F

A Notre chere Fille en Amour, la Duchesse d'....., très-fidèle Sectatrice de Notre aimable Déesse la Belle Vénus.

Connoissant ta dévotion,
C'est à toi, comme à la plus digne,
Que de ma Constitution
J'adresse le Recueil insigne.
Pour le répandre promptement,
Fais don d'un seul à chaque Amant
Que dans tes plaisirs tu préferes.
A l'appui de tes actions,
Bientôt mes propositions
Couvriront les deux Hémispheres.

LA PARIS.

Par Madame
LA FLORENCE.

PREMIERE EPIGRAMME.

Le Poinçon de St. Ignace.

Un malheureux, en Cochinchine,
D'ordre d'un frere Mandarin,
Comme paſſait le Souverain,
Alloit ſe voir rôtir l'échine.
Grace! mon Pere, cria-t-il;
Me griller ne ſerait gentil,
Aiant jadis été Jéſuite.
J'en ſerai bientôt convaincu,
Lui repartit le Pere; & vîte,
Pour le plus ſûr, voions ton C...

II. EPIGRAMME.

La Croix de St. André.

Un vieux Docteur, Ribaud madré,
Dirigeait jeune Pénitente;
Un jour desir pieux la tente
D' imiter en croix Saint André.
Grand dessein, dit-il, que je loue;
Viens, Blaise, & sur elle me cloue:
Il l'enc..ne en disant cela.
La fille, à son cher Pere jointe,
Le sent, crie Aïe! & qu'est-ce là?
Point de bruit: du clou c'est la pointe.

III.

III. EPIGRAMME.

La Religion de Malte.

Du Tombeau de ſon ſaint Prophéte,
Libre d'un dévot *ex-voto*,
Revenait gaie & ſatisfaite
Une Sultane *incognito.*
A l'eſcadre, à deux doigts de Malte,
Un calme ennemi fait faire alte,
Et la livre aux pieux Forbans.
Le V... haut, SAINT SIMON s'écrie,
Bravo, Freres, vierge Marie!
D'un tiers rehauſſons les Turbans.

IV. EPIGRAMME.

Le Vieil-Homme.

Un Orateur, singe de Rome,
Criait toujours à plein cerveau:
Dépouillez, chassez le vieil-homme,
Et revêtez-vous du nouveau.
Babet d'un froid vieillard ex-pere
Femme était; un jeune compere
En bref remplaça son Adam.
L'Epoux en pleine bagatelle
Les prend, & jure. O Dieu! dit-elle,
vous dément; mais à son dam.

V. EPIGRAMME.

L'Amant Marin.

Certain Marinier malôtru
Contre un C.. à ſon V.. rebelle
Dieu jurait, & ſe plaignait dru
Que la mariée étoit trop belle.
La fillette diſait, Hélas!
L'amant criait, Saint Nicolas!
Vainqueur n'en pourrai-je point être ?
Bou... eſſe, lâches-moi du C..;
Je te quitte de la façon:
Mon V.. n'eſt point V.. petit-maſtre.

VI. EPIGRAMME.

Le Vœu de Virginité.

Crispin d'un Prêtre aiant l'aveu,
Allait changer Thérese en femme.
Ah! lui dit-elle, arrêtes, infâme;
De Virginité j'ai fait vœu.
Sans chicanner sur l'imposture,
L'Amour fit volte de posture;
Puis en Florentin l'enfila.
Tandis qu'à son aise il escrime,
Elle dit: Mon vœu ne va là;
Dieu! dans ceci je ne fais crime.

VII. EPIGRAMME.

Les Apôtres.

Doucement, d'un air de Mistére,
Guillaumet, par un goût nouveau,
De Sodome enfilait l'anneau,
Au-lieu de bague de Cithére.
Catin lui dit, Changes de vol,
Tu prens Saint Pierre pour Saint Paul,
Donnant à l'un le bien de l'autre.
Garce, dit le pieux Epoux,
Prens-tu ton C.. pour un Apôtre?
Jésus, aiez pitié de nous.

VIII. EPIGRAMME.

L'Urinal du Curé.

De Jean malade Anne était garde;
Elle demande un Urinal:
On en apporte; elle regarde,
Et trouve à tous étroit Canal.
Ah! dit-elle, votre Servante;
On me croit donc bien peu ſavante:
Eh! c'eſt pour un enfant cela.
Allez, Marchand, on n'eſt pas dupe:
Du V... de Monſieur ſous ma jupe,
Au juſte la meſure eſt là.

IX. EPIGRAMME.

La P... à la Romaine.

Avec la dévote Raton,
Chez une Garce Beaumontiste,
Certain Curé, peu piétiste,
Marchandait l'amour du bas ton.
Je t'aime... bon. Voilà ma bource...
Au mieux. Je bande, & mon V.. source
Le F. . . avec profusion....
Bien: mais voions, dit la pécore,
Le Billet de Confession?
Il lâche un F..., & court encore.

X. EPIGRAMME.

Le Prélat charitable.

Un jeune & vigoureux laquais
D'une dondon, (quelle? il n'importe,)
Augmentait ſes galans acquêts,
Un beau matin, contre une porte.
Albin, qui les vit, y courut,
Lorsque dans le fort de leur rut
L'un & l'autre ne voïaient goute.
Sots, dit le meilleur des Prélats;
Quoi! ménager les matelas?
A ce jeu j'ai gagné la goute.

XI. EPIGRAMME.

Le Porte-Coton Romain.

Pour une veſſe mal pouſſée,
Un certain Cardinal-Neveu
D'aller à la Chaiſe percée
Se faiſait, ce ſemblait, un jeu.
De ſon valet la priapale
Sur la friandiſe papale
En un inſtant a braconné.
Le ſaint Neveu ne s'en courouſſe,
Mais ces doux mots enfin il pouſſe;
Piétro, dolce Cottoné!

XII. EPIGRAMME.

Le Pucelage de la Madelaine.

Voici relique précieuſe,
S'écriait, d'un ton rodomont,
Un Pélerin à Pantemon;
Madame eſt-elle curieuſe ?
Qu'eſt, dit l'Abbeſſe, cet outil?
C'eſt le Pucelage gentil,
Répond-t-il, de la Madelaine.
Pauvre Pélerin, grand merci,
Repart-elle, tu perds ta peine:
Nous n'en n'avons que trop ici.

XIII. EPIGRAMME.

Le Thême en deux façons.

Barbe disait à certain Grime,
Qui lui donnait tendres leçons,
Faire son Thême en deux façons,
Dis-moi ce que ce terme exprime?
Soit, reprit-il, en l'enc..nant;
Puis la Médaille retournant,
Se sert du Romain Privilège.
F... les C..., f... les C..ns,
C'est en style fin de Collège
Faire son Thême en deux façons.

XIV. EPIGRAMME.

Le Mari jubilé.

L'Epoux d'Alison en lacune
Mettait l'article du devoir,
Comme femme doit en avoir,
Ne lui en donnant douceur aucune.
Plat C... lon, Vieux recoquillé,
Lui prêchait qu'étant jubilé,
L'on a véterance à Cithère.
Ouï, dit-elle, à condition
Qu'on ait en même monastère
Cinquante ans de profession.

XV. EPIGRAMME.

L'Arithmétique Suisse.

Nanon, pour prêter C.. & cuisse,
Ne demandait qu'un seul écu;
Ce fut prix fait avec un Suisse
Pour faire son mari cocu.
A ses vœux la Belle acquiesce:
Fribourg n'offrant qu'un quart de pièce,
Elle réclame tous ses droits.
Moi, lui dit-il, rien te rapattre;
Tans ton C.. afoir place à quatre:
Toi poufoir en mettre encor trois.

XVI. EPIGRAMME.

L'Oreille Italienne.

Deux Italiens, dans un fiacre,
Se trouvaient pris comme des Rats;
Loin de débrouiller l'embarras,
Maint Cocher jurait Mort & Sacre.
Quelqu'un, de la voix, de la main,
Pour ſe faire ouvrir le chemin,
Leur criait: Recule, recule.
A cela, *Cornuto becco*,
Dit l'un d'eux à chaud teſticule,
Che dice dell' culo? m'ecco.

XVII. EPIGRAMME.

La Dent de lait.

Alain, pour ſon V.. jeune & leſte
Plein d'une cruelle douceur,
A Jéſuitiſer l'inceſte
Emploiait la main de ſa Sœur.
Agnès un jour demande comme
Le bijou qu'elle tient ſe nomme;
Sur ſon nom vîte Alain filait.
Je le ſais, dit-elle, mon Frere,
Et vous n'irez pas au Contraire;
Certes, c'eſt votre dent de lait.

XVIII. EPIGRAMME.

Bon Chien chasse de Race.

Un pauvre Commis besacier,
Mais cent fois plus sot qu'une outarde,
De son Patron, gros Financier,
Avoit épousé la bâtarde.
S'appercevant qu'au coin coquet
La Belle souvent le *marquait*,
Il veut que l'on l'en débarrasse.
De crier contre elle si fort,
Dit le Patron, vous avez tort;
Toujours bon Chien chasse de race.

XIX. EPIGRAMME.

La Machine Electrique.

Qu'eſt-ce que l'Electricité?
Demandait Jeanne, encor pucelle.
Par le frottement excité,
Le corps, lui dit-on, étincelle.
Elle y court; puis en a regret.
Un Gars lui dit: Pour ce ſecret
J'ai certain Tube cylindrique.
Jeanne croit; par le frottement
Elle grille, & dit: Oh! vraiment,
Voilà la Machine électrique.

XX. EPIGRAMME.

La Foi Luthérienne.

Sara, d'amour ſentant la rage,
A ſon Epoux, loin d'elle abſent,
Ne croiant lui faire un outrage,
De Cornes faiſait maint préſent.
Sa Voiſine, peſte & hagarde,
De près à ſes plaiſirs regarde,
Et puis la dénonce au Pater.
Sara dit; A la Cêne égale
Je croiais la foi conjugale:
Dieu! je dois mon crime à Luther.

XXI. EPIGRAMME.

La Fille du Tailleur.

Dans le tranſport qui la ravit,
Charlotte, complaiſante & douce,
De Gauthier branlottait le V..
Avec méthodique ſecouſſe.
Sa Mere la prend ſur le fait,
La paie auſſitôt d'un ſoufflet;
A quoi la Belle fait replique:
Ma Mere, vous voulez railler;
Aux Châſſes peut-on travailler,
Et ne point manier la Relique?

XXII. EPIGRAMME.

Le Chasseur de Cousins.

Lise redoutait fort la flèche,
Dont souvent sur le plus beau sein
L'incivil & hardi Cousin
Se plait à faire mainte brèche.
Pour parer son fier aiguillon,
Damis joint cotte & cotillon,
Et Lise alors passe les piques,
Sentant le V.. audacieux,
Cousin, dit-elle, en vain tu piques,
Si tu veus piquer jusqu'aux yeux.

XXIII. EPIGRAMME.

Le Barrême des Ribauds.

De cent volages Soupirans
Brigitte nargant la pratique,
Voulait que de vingt mille francs
Fût fait bail emphytéotique.
Soit, ſoit, dit le ribaud André;
Mais, pour une nuit, du madré
Un ſeul Louïs reçut Brigitte.
Quoi! lui dit la P..., tu ris?
L'autre repart, C'eſt notre prix;
Comptes: je païe bien mon gite.

XXIV. EPIGRAMME.

La Leçon.

Un Vieux prétendait en ſuçons
Sauver d'amour les ſécheresſes;
Bandait du doigt, & ſes careſſes
Manquaient des meilleures façons.
A table, ſa Femme en crouſtilles
Le ſert ainſi qu'en béatilles,
Dont jure, étant peu tempérant.
C'eſt, dit-elle, la petite oïe:
Il me faut autre reſtaurant;
Ce n'eſt qu'un centième de joie.

XXV. EPIGRAMME.

Le Talion.

Xavier, chagrin de ses méprises,
Et tout neuf au cas que voici,
F.. tait Rose couci, couci;
Tant que l'Epoux les vit aux prises.
Ah! dit celui-ci déconfit,
Voudriez-vous que l'on vous fit
Ce que vous faites à ma Femme?
Ami, je ne suis dans mon tort,
Reprit l'Amant; par Notre-Dame,
F.. tez, je le desire fort.

XXVI. EPIGRAMME.

Le Moine.

A la grille quatre Béates
Agitaient le moïen meilleur
De conſerver entre leurs oüates,
Pendant la nuit, bonne chaleur.
Ah! dit la Mere Saint Antoine,
Jéſus! Dieu! que ne vaut un Moine!
Il eſt d'un effet ſingulier.
C'eſt donc, reprit une Profeſſe,
Pour cela qu'au lit notre Abbeſſe
N'eſt jamais ſans un Cordelier.

XXVII. EPIGRAMME.

Le Droit des Chattes.

Une jeune Chatte en chaleur,
De Chelles parcourant le Cloître,
Des doux maux qu'elle sentait croître,
Miaulait la tendre douleur.
L'Abbesse, à tels tourmens sensible,
Ordonne que, s'il est possible,
Minette ait un ou deux Matous.
Madame, cria Mere Agathe,
Qu'on en amene aussi pour nous;
Sommes-nous moins que votre Chatte?

XXVIII. EPIGRAMME.

La Ruse Danoise.

Dans la Toscane, en même rade,
Couchaient, près d'un Italien,
Un Danois & son Camarade;
Tous deux ne pensant rien de rien.
Tirant profit du benefice
Du lieu, l'Italien d'office
Trousse l'un des deux, & le f...
Paix, dit celui-ci; pour sa Pute,
Ami, je crois qu'il me répute:
Il faut l'attraper jusqu'au bout.

XXIX. EPIGRAMME.

Le Singe.

Certain Moine fouets & cilices
Prêchait du ton d'un Inſpiré:
Dans ſa Cellule retiré
Méditer étaient ſes délices.
Mais en Jéſuitique jeu
L'on vit ſon Singe, l'œil en feu,
Devant Madelaine coquette.
Tout Singe eſt Singe, & rien de plus;
Du Cafard ſur cette étiquette
Les jugemens ſont réſolus.

XXX. EPIGRAMME.

La Consanguinité.

Pierrot, dispos & rejouï,
Lorgnant de près les épousailles,
Se présentait aux fiançailles
Pour s'essaïer à dire ouï.
Entre vous deux, leur dit le Prêtre,
Consanguinité pourrait être?
Ce qu'il en est, dites-le moi.
Dà, dit Pierrot; entre les segles,
Un jour m'arrivit, sur ma foi,
D' la f... un tantet dans ses regles.

XXXI. EPIGRAMME.

Le Pere Italien.

Un Italien, convaincu
Que ſon Epouſe était enceinte,
A témoins prenait Saint & Sainte,
Et jurait qu'il était cocu.
Je fus, dit-elle, toujours ſage;
Votre ciſeau de ce boſſage
Tout ſeul travailla le relief.
De moi, dit-il, qu'elle conçoive!
Double F...; Grand Saint Joſeph!
Il faut donc que le papier boive.

XXXII. EPIGRAMME.

Le Beau Privilège.

Par un décret particulier
Foresti reçut Privilège
De faire, sans nul sortilège,
De vrai Manant bon Chevalier,
Plus, autre droit que mieux j'estime,
De placer en rang légitime
A volonté chaque bâtard.
De crier en France est-on sage,
Si Mazarin de ce grand art
Pour les B....., a fait usage?

XXXIII. EPIGRAMME.

Le Gentilhomme Verrier.

Souffler de jour mainte bouteille;
Souffler ſa Servante de nuit:
Sur ma foi, c'eſt grande merveille
Si tant de ſoufflage ne nuit.
Malheur en advint à l'Amie,
Qui vers le Juge, en Jéremie,
Lamenta ſur ſon pauvre C...
Le Souffleur répondit, Femelle,
Du Roi j'ai Patente formelle
De pouvoir ſouffler le flacon.

XXXIV. EPIGRAMME.

La Demoiſelle Verriere.

Iſmene, petit à petit,
Dans un coin noir, à la ſourdine,
D'un V.. réveillait l'appétit
Par les jeux de ſa main badine.
Mons le Gentilhomme Verrier
La voit, & ſe met à crier,
Croiant le bidet près de l'auge.
Ceci, dit-elle, eſt mon balot;
Car je juge par le goulot
Si la bouteille eſt bien de jauge.

XXXV. EPIGRAMME.

La Riveuſe de Clou.

Françoiſe dit à Marguérite,
Cours à Colas river le clou;
Elle y vole: Ah! je le mérite,
Dit Colas; rives tout ton ſaoul.
Dix fois la Riveuſe s'agence;
Puis s'en revient. Dans ta vengeance,
Dit Françoiſe, es-tu ſans pitié?
Ouï, dit-elle, avant que je ſorte,
J'avais rivé ſon clou de ſorte
Qu'il n'en a plus que la moitié.

XXXVI. EPIGRAMME.

Le Chien enragé.

A Jâquot, qui sa Chienne aimait,
Babet, cherchant à faire niche,
Dit que de rage elle écumait;
On tue aussitôt la Caniche.
Jâquot, de retour, sait le fait;
Et dit : Si d'écumer l'effet
Tel est, ma Sœur, ton Chien doit suivre.
Hier sous la cotte de Babet
Ecumait beaucoup un Barbet :
A Caniche doit-il survivre ?

XXXVII. EPIGRAMME.

La Bonne Lectrice.

Deux Corrinnes, Lectrices promptes
Des plus voluptueux Romans,
De leurs plus ſecrets ſentimens
Sur *Dom B*... ſe rendaient comptes.
Ah! dit l'une, il ſut me ſaiſir
L'ame par un ſi doux plaiſir,
Qu'à deux mains je tenais ferme.
L'autre dit: Dans mon examen
J'ai mieux ſenti ce qu'il renferme,
Ne l'aiant lû que d'une main.

XXXVIII. EPIGRAMME.

Le Nez au lait.

Luc ne chantait que Mariage;
Sa Mere diſait: Tarara,
Qu'on lui torde le nez, je gage
Que le lait encore en viendra.
Pendant qu'à l'inſtar de l'Egliſe,
Luc en paix ſe manuéliſe,
Sa Sœur vient ouvrir le volet.
Elle allait ſonner le deſordre,
Quand il lui dit: Laiſſes-moi tordre
Mon nez pour voir s'il a du lait.

XXXIX. EPIGRAMME.

Les Nouvelles de l'Ecole.

Aux femmes Baudin cherchait noiſe,
Et les reléguant aux Enfers,
Il n'avait les yeux bien ouverts
Que pour admirer ſa Danoiſe.
Mais chez lui, par néceſſité,
Un ſien ami, trop excité,
Pour piſſer prit le pot-de-chambre.
Sultanne vint, d'un air badin,
Faire beau cul devant le membre,
Et dit le ſecret de Baudin.

XL. EPIGRAMME.

Le Mari fidèle.

En voïage un Epoux dévot,
Sentant que loin de ſon Eliſe,
Son V.., guindé ſur ſon pivôt,
En V.. Païen le ſcandaliſe;
Pour rendre *Satanas* capôt,
Saintement dans le flanc d'un pot,
Peur de pis, ſe manuéliſe.
Il revient. De ce ſaint impôt
Sa Femme lui parle: En dépôt
Tout eſt, dit-il, dans ma Valiſe.

XLI. EPIGRAMME.

La Belle Pluie.

Dès que l'Aurore, prête à naître,
Chaſſe les aſtres mécontens,
Marion court à la fenêtre
Pour avoir nouvelles du tems.
Un beau matin elle s'écrie,
Ma Mere, voiez, je vous prie,
Comme il pleuvit, comme il pleuvit.
Catau repart à pleine tête;
Prens les plus gros, petite Bête,
Et les apportes dans mon lit.

XLII. EPIGRAMME.

Le Visiteur de C..ns.

Jeannot voulait f... sa Mere:
De la tête d'un gros brochet
Se faisant un C..., la Commere
Pinça son Fils au trebuchet.
Un jour on lui parla de femme:
Si j'en prens, dit-il, sur mon ame,
De près je verrai le dedans.
Jacqueline sa cotte trousse;
Il lorgne: Ah! la langue rebrousse,
Dit-il, il va montrer les dents.

XLIII. EPIGRAMME.

La Tirelire.

Dix fois par jour, à petit bruit,
Une vieille Sœur tutélaire
Trafiquait du C..n de Sœur Claire,
Et joüiſſait de l'uſufruit.
Nul écu de la Jouvencelle
Ne venait groſſir l'eſcarcelle,
La Vieille tous gains s'arrogeant.
Claire enfin lui dit : C'eſt délire
A vous, ma Sœur, d'avoir l'argent
Quand je porte la Tirelire.

XLIV. EPIGRAMME.

Le Retrait lignager.

Lisette était restée, & veuve,
Et pucelle malgré l'Hymen.
Elle allait dire un autre *amen*,
Et tenter encore autre épreuve.
Le Futur surprend en jeu doux
La Belle & de feu son Epoux
Le Frere, & crie au sacrilège.
Je ne crois pas vous outrager,
Dit le F.. teur: par privilège
J'use du Retrait lignager.

XLV. EPIGRAMME.

Le Thrésor de St. Denys.

J'ai pièce pour votre Thrésor,
Dit un Pelerin plein d'audace,
Et qui vaut bien son pesant d'or.
Quoi? lui dit le Pere Mendace:
De la bonne Sœur Scolastique,
En entier & très élastique,
C'est le Godemiché mignon.
Pour un Thrésor de Carmélite,
Repart le Pere, il est d'élite:
Pour le nôtre il faudrait son C...

XLVI. EPIGRAMME.

La Renégate de Salé.

Par la Bible & par l'Evangile,
Un Maturin, Chrétien zélé,
Maquignonait l'ame fragile
D'une Renégate à Salé.
A mes vœux croiez-vous qu'il tienne,
Lui dit-elle, d'être Chrétienne ?
Pere, c'eſt mon plus cher ſouci.
A Jéſus, comme mon Aïeule,
J'aurais un Epoux à moi ſeule ;
Vingt femmes n'en ont qu'un ici.

XLVII. EPIGRAMME.

Le Turc converti.

Tu renonces le ſaint Prophète,
Diſait Oſman à Mahomet,
Lui, dont la ſageſſe parfaite
Autant de femmes nous permet.
Mahomet répond: Je n'en doute;
Mais cette permiſſion coute:
Cher on en païe l'entretien.
A mes vœux ici j'en ai trente,
Sans qu'aucune morde ma rente:
Vois ce qu'on gagne, étant Chrétien.

XLVIII. EPIGRAMME.

Le Siége de l'Ame.

Touchant le Siége de notre ame,
Aſtruc & Morand, en beau tic,
Se pelottaient entre eux le blâme,
Sans être hors du pronoſtic.
A la victoire chacun bute,
Et renouvelle la diſpute,
Tout prêt même à démentir Dieu.
Quelle vétille vous occupe?
Leur dit Suſon, trouſſant ſa jupe;
De l'ame voici le vrai lieu.

XLIX. EPIGRAMME.

L'Expéditionaire de Rome.

Un Pape, de sa sainte flamme
Et de sa Niéce avait le fruit
Proscrit. N'en peut-on sauver l'ame,
Dit-elle, avant qu'il soit détruit?
Ayez foi, dit le Camerlingue;
Je vais avec une seringue
Le baptiser suivant le Rit.
L'Etole mise, au nom du Pere
Il la f...; puis deux fois opere
Pour le Fils & le Saint Esprit.

L. EPIGRAMME.

Les Esprits du Sexe.

A Martin le docte Vernage,
Sur des ſymptômes capitaux,
Diſait que les Eſprits vitaux
Demandaient du remû-ménage.
De Martin enſuite la Sœur
Malade fut. Avec douceur
De ſes maux s'informe Procope.
Ils ne ſont point originaux,
Dit-elle; c'eſt une ſyncope
Où ſont tous mes Eſprits C.. naux.

LI. EPIGRAMME.

Le Committimus *des Jésuites.*

De Mignonisme tout malade,
Un Sectateur de d'Assouci,
Sur ses doux ébats en souci
Tremblait au seul mot de grillade.
Toute fumée était fagot;
Toute main lui semblait ergot
D'un Exempt mis à sa poursuite,
Quelqu'un, le voiant si camus,
Lui dit: Ami, fais-toi Jésuite,
Et jouïs du *Committimus.*

LII. EPIGRAMME.

Qu'est-ce que Dieu?

Pendant trois lustres il est maître,
Il est tout-puissant & seul Dieu;
Après ce tems il cesse d'être.
Six lustres Cupidon a lieu;
Six autres lustres chacun ôse
Faire une vraie apothéose
De l'or que jeune il prodigua:
Puis revient Dieu. Qu'il est habile!
Il a l'homme enfant ou débile.
Qu'est donc Dieu? L'*Alpha*, l'*Omega*.

LIII. EPIGRAMME.

Le Coryphée des Sages.

De Grece la Pléiade ſage,
Entre les deux amours optant,
Avait fille ou garçon d'uſage,
D'un ou d'autre ſe contentant.
Socrate n'eut qu'Alcibiade,
Qui, ſucrant la ſageſſe fade,
Vint lui chatouiller le rognon.
J.... leurs divers goûts raſſemble:
Pour Favorite il eut enſemble
M...., & J... pour Mignon.

LIV. EPIGRAMME.

Les Deux Loix.

Aux durs caprices du Divorce
Moïſe, en Epoux inaccort,
Dans ſa Loi donne pleine force,
Et juge l'adultère à mort.
J..., dans la Loi qu'il publie,
A la Femme le Mari lie,
Du nœud reſſerrant la façon.
Il n'eſt pour la Femme adultère,
En revanche, rien moins qu'auſtère;
Auſſi J.... était garçon.

LV. EPIGRAMME.

L'Imitation de J....

Au Cocuage un ſaint Cornard
Vit ſa Femme qui faiſait taupes,
Dont voulut, à coups de poignard,
L'envoier f... chez les taupes.
Suivez, dit-elle, J... C....,
Abjurez, plein de ſon Eſprit,
De la Loi l'erreur ancienne.
Pour une Femme, dit l'Epoux,
Si le bon J... fut ſi doux,
C'eſt que ce n'était pas la ſienne.

LVI. EPIGRAMME.

La Concorde des deux Teſtaments.

Pourquoi, dit Auguſtin, la Foi
Veut-elle proſcrire l'uſage
Qu'a preſcrit Moïſe en ſa Loi?
Etait-ce un ſot? eſt-on plus ſage?
Néant à ton raiſonnement,
Dit ſa Femme; dans l'argument,
Mon pauvre Mari, tu t'embrouilles.
Toujours même eſt l'eſprit du Ciel:
L'Egliſe, comme point eſſentiel,
Ne garde-t-elle pas les C... les?

LVII. EPIGRAMME.

La Prééminence du Nouveau Teſtament ſur l'Ancien.

Chaudement diſputaient deux Nonnes
Sur l'un & l'autre Teſtament.
Paix là ! dit l'Abbeſſe aux Mignonnes,
Leur montrant gentil inſtrument.
Vous connoiſſez cela, je jure;
Quoique beau, ce n'eſt que figure
De ce qui vous fit, vous & moi.
Que le Vieux Teſtament l'on ſuive,
Dit Sœur Luce; je ne ſuis Juive,
Au Nouveau ſeulement j'ai foi.

LVIII. EPIGRAMME.

La Grace efficace.

Bandant en Carme, à Port-Royal,
Yvre de se venger, la Chaise,
Jusque dans le C.. Abbatial,
Arbore un V.. plus chaud que braise.
Cessez ces transports insultans,
Lui dit Angélique. J'attens,
Dit-il, que la Grace me chasse.
Dieu l'entendit; & de son haut
Son V.. tomba. Qu'elle vient tôt!
Dit-il: c'est la Grace efficace.

LIX. EPIGRAMME.

Le Double Prêtre.

Deux Messes un Prêtre disait;
Le Saint Office vous le hape:
Bientôt conduit devant le Pape,
Il y gardait un froid *tacet*.
On lui reproche son offense;
Mais lui, pour pièce de défense,
Tire quatre C.. lons en bloc.
Benoît dit, les voiant paraitre:
Dieu soit loué! Ce double Coc
Mérite un Bref de double Prêtre.

LX. EPIGRAMME.

La Prompte Confession.

Aboiant aux tendres Filoux,
Près d'Annette, en bons tours professe;
Toujours était Grognon jaloux,
L'accompagnant même à Confesse.
Ses fautes étant à trier,
Un Amant leste, en levrier,
Avec sa Femme entre en mystère.
D'Annette à jaser vint le rang:
Pere, dit-elle, en soupirant,
J'ai .. j'ai .. j'ai .. commis l'adultère.

LXI. EPIGRAMME.

La Grace du Baptême.

Certain Turc fut pris ſur le fait,
Par un zélé Familiare,
Vendredi mangeant un poulet,
Faiſant la figue à la Tiare.
La ſacrée Inquiſition
De ſa criminelle action
Lui demande l'affreux ſyſtême.
C'était, reprit-il, un poulet ;
Mais je lui donnai le Baptême,
Et la Grace en fit un brochet.

LXII. EPIGRAMME.

Les Quatre-Tems, impromptus.

De la divine Liturgie
Deux Prélats, hardis combattans,
Paſſaient les jours des Quatre-Tems
Dans une Ciprienne Orgie.
De l'un d'eux le Coadjuteur
Vint dire, d'un ton de hauteur,
Que l'huile manquait pour un Diacre.
F... du Nigaud que voici,
Dit l'un : tiens, vois-tu, double Fiacre ?
Je t'en ai fait dans ce C.. ci.

LXIII. EPIGRAMME.

L'Esprit qui fait le Pape.

L'Esprit Saint sur les Cardinaux,
Disait l'Italien, préside :
Quoi qu'en disent les Huguenots,
Il fait le Pape & le décide.
Le vieux Génevois l'entendait,
Puis en pitié le regardait,
Criant tout haut, Attrape, attrape.
Le *Parson* *, tirant son beau V..,
Leur dit, Messieurs, voici l'esprit
Qui sans cabale fait le Pape.

* Nom des Curés Anglais.

LXIV. EPIGRAMME.

La Foi au Purgatoire, ou le Revenant.

Un Curé bandait en vrai Page
Pour Lise. Son pere mourut:
Le Ribaud, pour calmer son rut,
D'un Revenant prit l'équipage.
Femme, dit-il, qui sommeillez,
Debout, & promptement allez
Offrir à Dieu l'honneur de Lise.
Je l'ai promis, j'en ai fait vœu:
Si vous ôsez frauder l'Eglise,
Je vous grille au dernier cheveu.

LXV. EPIGRAMME.

Le Vœu acquitté; ſuite du Revenant.

Nanon tremblante, & Liſe ſotte
Vont conter le cas au Curé,
Qui leur dit, Dieu s'eſt déclaré;
Et Liſe de trouſſer ſa cotte.
Comme l'Office ſe faiſait,
La Veuve à ſa Fille diſait:
Soulages l'ame de ton Pere.
Liſe dit, en ſentant l'outil,
Il entre en Paradis, ma Mere.
Nanon répond, Ainſi ſoit-il!

LXVI. EPIGRAMME.

Les Libertés Gallicanes.

Une Signora ſoutenait
Les prétentions Vaticanes:
Contre elle Fanchon fulminait
Pour les libertés Gallicanes.
C'était à n'en jamais finir:
Au ſuccès pour en mieux venir;
Celle-ci leva ſa chemiſe.
Ah! dit l'autre, je vois mes torts:
Ton heureux C.. eſt donc ſans mords!
Que ne ſuis-je de ton Egliſe?

LXVII. EPIGRAMME.

La Providence.

Aiant trop battu la chamade
Devant les tendres étendards,
Nanine avec sûre pommade *
Refit les brêches de cent dards.
L'Hymen fut dupe de la ruse,
Et du pucelage en céruse
Crut avoir l'honneur & les droits.
Dieu! dit Nanine, d'abondance
A votre sainte Providence
Je voüe une Messe, & je crois.

* Nommée de *la Providence*, de l'enseigne du Parfumeur.

LXVIII. EPIGRAMME.

Les Pâques Suiſſes.

Surmontant ſes préventions,
A mi-jeun, le Cent-Suiſſe Jâques
Se préſentait au tems de Pâques
Pour faire ſes dévotions.
Le Célebrant, hors du Ciboire,
Lui fait prendre un jetton d'yvoire,
Au-lieu du *Corpus* ſolemnel.
Jâques dit, faiſant la grimace,
F..., c'eſt le Pere éternel;
Le vieux B... être lui coriace.

LXIX.

LXIX. EPIGRAMME.

La vraie Grace.

Prêcheurs le ſont juſqu'au Bordel.
Adoptes la Grace efficace,
Chere Fanſiche, & je t'embraſſe,
Diſait un Enfant de Quenel.
Ma Fille, tu ſauras me plaire
Si tu ſignes le Formulaire,
Criait Ignon d'un ton mutin.
Ici la Bulle eſt contrebande,
Reprit vivement la P....;
Pour moi, la Grace eſt quand on bande.

LXX. EPIGRAMME.

La Trinité.

Tous les ſaints Myſtères frondait
Uranie, aimable Incrédule.
Contre elle un jeune Camaldule
Chaudement pour eux ſe bandait;
Puis ſaintement lui chantant pouilles,
Dans ce V.., dit-il, & ces C.. les
Adores la triple Unité.
Il l'enc...., par parenthéſe.
Déchar..., ou de la Trinité
Le grand nom, dit-elle, eſt foutaiſe.

LXXI. EPIGRAMME.

L'Incarnation.

On ne me fera jamais croire
Un Dieu dans un Corps matériel,
A ſon Curé diſait Victoire,
Dûſſai-je démentir Gabriel.
Le Paſteur dit, Craignez la foudre:
Je vais l'énygme vous réſoudre;
Car votre ſalut m'eſt trop cher.
L'Amour regne au ciel & ſur terre,
Et tout entier, par un myſtère,
En ce V.... l'Amour s'eſt fait Chair.

LXXII.

LXXII. EPIGRAMME.

La Rédemption.

Un fier Vainqueur viol & pillage
Armait de tous points pour l'assaut;
Dans la cité maint pucelage
Tremblait de faire le grand saut.
Ah! dit la Reine, que Dieu m'aide!
A vos maux je sais le remede:
Elle court; dit hors des Remparts:
Prenez-moi pour mille pucelles,
Guerriers, en C.., tetons, aisselles,
F.. tez-moi tous de toutes parts.

LXXIII. EPIGRAMME.

La Foi.

Sur ſa Femme un vieux Quinze-vingt
Nuit & jour était en études,
Et ſe minait d'inquiétudes,
Sans en être plus grand dévin.
Un jour le cri de la couchette
Décelant le jeu de cachette,
Il cria d'abord au Pourquoi ?
Que je prie, ou que l'on me f...,
Dit la Femme, il te faut la Foi.
Ouï, dit-il, car je n'y vois goute.

LXXIV. EPIGRAMME.

L'Esperance.

Une Veuve, dont la dent creuse
Etait faite pour l'esturgeon,
Dans sa pêche malencontreuse
N'avait pris que cadet goujon.
Suivant la coutume charmante,
Au lever on la complimente;
C'est à qui le plus en dira.
Elle avoüa la différence:
Aiez, reprit-on, esperance;
Avec le tems il grandira.

LXXV. EPIGRAMME.

La Charité.

Marthe d'une affreuſe jauniſſe
Aiant reçu la guériſon ;
Auſſitôt ſa Servante Nice
En avait ſenti le poiſon.
J'ai ma recette, lui dit Marthe :
Je veux que ta jauniſſe parte
Avant trois jours, en vérité.
La nuit à Nice, en apoſême,
Elle donne l'Amant qu'elle aime.
Dieu ! quel effort de Charité !

LXXVI. EPIGRAMME.

La Prudence.

Suivant bonnement la Nature,
Un Grand-Vicaire, franc Pécheur,
Avait mis Sœur Bonaventure
Dans un prompt besoin d'Accoucheur.
D'un autre tour de gibecière,
Lui dit la Mere Dépensière,
Use avec moi le Promôteur:
Coupant cours à la Concordance;
Il escamote avec prudence.
Aussi, dit l'autre, est-ce un Docteur.

LXXVII. EPIGRAMME.

La Force.

A Confesse certain Gascon
Se faisait blanc de son épée:
Quoi! dit le Pere, l'équipée?
La voilà: viens me voir au C...,
Onze coups pour les onze Apôtres
Passerent vîte; au rang des autres,
Comme Dieu veut, entra Mathias.
Mon b... de V.. prend amorce,
Dit le Moine: va pour Judas.
Gascon, apprens ce qu'est la force.

LXXVIII. EPIGRAMME.

La Tempérance.

Hélas! diſait Anne à ſa Sœur,
Croirais-tu que par nuit chacune
Je ne reçois qu'une douceur?
Chaque nuit? ouï; mais jamais qu'une.
Douze fois dès le premier jour
Jean, dit l'autre, de ſon amour
Me donna plenière aſſûrance.
Et depuis? depuis l'amour dort.
Dieu! reprit Anne, on n'a pas tort
De prêcher tant la tempérance.

LXXIX. EPIGRAMME.

La Justice.

Après la galante avanture
Couroit Pierre, en Indépendant:
Chez lui d'un semblable pendant
Sa femme doublait la peinture.
Un jour il la prit au tableau,
Peignant encore un trait nouveau:
Elle tremblait de la notice.
Voisin, dit l'Epoux, je t'y prends;
Mais c'est une œuvre de justice:
Ce n'est qu'un prêt que tu me rends.

LXXX. EPIGRAMME.

La Sageſſe.

De zèle aiant reçu largeſſe,
Dans un Bordel, en entretien,
Un Prêtre diſait, A quoi tient
Votre mépris pour la ſageſſe?
Pour la ſageſſe du mépris!
Hélas! j'en ſais trop bien le prix,
Monſieur, repartit la Surville.
La bonne choſe! Elle me rend,
De compte fait, en cette ville
Au moins deux mille écus par an.

LXXXI. EPIGRAMME.

Le Conſeil.

Jeannette a perdu ſa ſaveur,
Diſait Robin, & d'étiquette
Son vin a changé; c'eſt piquette,
Qui rappelle peu ſon bûveur.
Mais pour remplir la place vuide,
Habilement elle me guide
De ſes avis & de ſes ſoins.
Plus utile que la Sorbonne,
Répondit la Renaut, au moins
Pour le conſeil eſt-elle bonne.

LXXXII. EPIGRAMME.

La Science.

Chez une Recommandaresse,
Ne demandant qu'une leçon,
Offrait un double écu Lucrece
Pour voir à nud quelque garçon.
De la Carlier passe un Eleve;
Il l'entend: à ses yeux éleve
D'Amour le curieux brandon.
Lucrece s'écrie, Au quadruple
Païer vous faut. Pas au centuple,
Dit-il, la science est un don.

LXXXIII. EPIGRAMME.

L'Entendement.

Dans une *Honesta* recrépie,
D'une Vierge la Montigni
Ne présentait qu'une copie
Pour original à Gagni.
Fleurettes, baisers, doux langage,
Tout est perdu, rien ne l'engage,
Elle n'y comprend nullement.
Gagni tinte une bourse lourde;
La Belle à l'instant n'est plus sourde,
Et vient le don d'entendement.

LXXXIV. EPIGRAMME.

La Force.

Au jeu d'Amour, en même alcove,
Des Céleſtins un Cordon-bleu
Aiant compté la *quinquenove*,
Criait, J'ai la force, parbleu!
Je le croirai, dit la Deſportes,
Si préſentement tu me portes
Sur ton V.. comme en un pivot.
Tôt dit, tôt fait; il vous l'enc.. le:
Le Moine fait blanchir Hercule.
Honneur ſoit au peuple dévot!

LXXXV. EPIGRAMME.

La Piété.

Berthe recitait ſon Roſaire
A genoux, ſans ſe dépêcher :
Satan, pour l'induire à pécher,
d'Amathonte envoie un Corſaire.
Sans troubler la ſainte oraiſon,
Le Drôle en traitre en eut raiſon
Juſqu'au moment de la défaite.
Berthe alors dit, tournant les yeux,
Que votre volonté ſoit faite
En .. en .. la Terre comme aux Cieux.

LXXXVI. EPIGRAMME.

La Crainte de Dieu.

Un Prélat craintif épluchait,
La *loupe* à l'œil, d'une Coquette
Le C.., loquette par loquette,
Le cul, la motte & le brechet.
Il remet tout doux sa calotte,
Rentre son V.. dans sa culotte,
Disant, J'ai la crainte de Dieu.
Par Saint Côme, sur ma parole,
Dit la Beauvais, point de milieu;
Vas, B..., tu crains la vérole.

LXXXVII. EPIGRAMME.

L'Orgueil.

Un Baron ſur ſa Margravine
S'allait percher en inverſal,
Lorſque, tranchant de la divine,
Elle mit deſſous ſon Vaſſal.
Quoi! dit-elle, ſur une Alteſſe
Se veautrer ſans délicateſſe,
Et malgré ſa vaſſalité!
De droit le deſſus je m'arroge:
Ne crois pas que mon C.. déroge
Aux égards de ma qualité.

LXXXVIII. EPIGRAMME.

L'Avarice.

Certain beau garçon de Navarre,
F.. teur, & Moine, qui pis eſt,
Prêtait, tant il était avare,
Son V.. à ſordide intérêt.
Bien plus lui valait V.. qu'Etole:
Avec deux Sœurs, quoiqu'à piſtole,
Au taux ne perdait Frere Roch.
F.. tant l'aînée, il doublait dette
En déch.. geant dans la cadette:
En tout le Moine eſt un Eſcroc.

LXXXIX. EPIGRAMME.

L'Envie.

Un Chartreux, tendre Anachorete,
Chez lui ſous l'habit cavalier,
Pour deſopiler ſa retraite,
Recevait tendron familier.
Prenant fille au vent, autre Moine,
Jurant que c'eſt un patrimoine,
Bande & brait comme âne de Meun.
Au Prieur vole la diſcorde;
Il vient, & tous deux les accorde,
Leur donnant priſon en commun.

XC. EPIGRAMME.

La Gourmandise.

Par le Sacriste était servie
Sœur Macrine d'un V.. de huit :
A dix le Pere en Dieu le suit,
Et lui laisse encor de l'envie.
Un troisième V.., fier Champion,
Au Pere aussi dame le pion :
C'est V.. pied-de-Roi, V.. de Suisse.
Le Jardinier est son Héros ;
Encor son V.. n'est de service
Que dans l'attente d'un plus gros.

XCI. EPIGRAMME.

La Colère.

Je f.. tais, le V.. courroucé,
Margot, disait Paul à son Prêtre;
Ma Sœur vient, Margot fuit, troussé
Fut son jupon pour ce tour traitre.
Ma Mere, d'un bras défenseur,
De mon transport sauva ma Sœur;
Mais de l'œuvre elle eut le salaire.
Votre Mere? Un Corps décrepit?
Ouï, mon Pere. Quoi! sans répit?
Ouï. Vous étiez bien en colère.

XCII. EPIGRAMME.

Le Péché de la Chair.

Hé! ne pourrai-je point apprendre,
A ſa Sœur diſait Sœur Saint-Clair,
Ce qu'eſt le péché de la chair?
Je n'y pus jamais rien comprendre.
C'eſt pour nous lorſque Clitoris
Aux careſſes des favoris
Rencontre la Nature ingrate.
Lorſqu'avec ſa Belle couché,
Un Piſſe-froid d'amant la rate;
De la chair voilà le péché.

XCIII. EPIGRAMME.

La Pareſſe.

Une Abbeſſe, molle Galante,
Sentait que de ſon cas champion
Mourait la vigueur défaillante
Sur ſon trop pareſſeux croupion.
Une Sœur ſur le dos ſe baiſſe,
Et pour ſa nonchalante Abbeſſe
Eſt un matelas à reſſort.
Sous mille coups fuit la pareſſe,
Plus vive renaît la careſſe,
Et le f.... enfin prend l'eſſor.

XCIV. EPIGRAMME.

Le Baptême.

Avec la foi trois goutes d'eau
Nous lavent tous du crime d'Eve :
Pour rendre complet le cadeau,
Le desir épure la sêve.
Si pour J... de notre flanc
Un Païen tire notre sang,
Le poison d'Adam dégénere.
Le f.... ainsi sert au C.. nin :
C'est le Baptême feminin ;
En amour il le regénere.

XCV. EPIGRAMME.

La Confirmation.

Le fier ſcrupule nuit & jour
Attaque nouvelle Ex-pucelle,
Et prête à renier l'Amour,
A chaque pas elle chancelle.
Quand on n'a f... qu'une fois,
On eſt un bien piétre Grivois,
Et le cœur eſt toujours infirme.
Un C.. cent fois: cent fois un V...
L'Amour par ſon divin eſprit
Dans ſon culte ainſi nous confirme.

XCVI. EPIGRAMME.

La Penitence.

Mannette au devoir marital
Devait un droit chaque journée,
Quand douze droits dûs en total
Mit l'Epoux allant en tournée.
Il revient f..; au Chapelet
Grain pour coup Mannette appellait,
Dont elle n'eut que mi-quittance.
Dieu! dit-elle à ſon Crucifix:
Le Huguenot, qui veut de ſix
Tricher encor ma penitence!

XCVII. EPIGRAMME.

L'Euchariſtie.

De farine j'ai fait emplette,
Se dit un Pâtiſſier malin;
En ferai-je une tartelette,
Un macaron, un craquelin?
J'en pourrais faire, ſans reproches,
Ou des biſcuits, ou des brioches,
Comme le hazard aura lieu.
Entre deux fers je mets ma pâte:
Un *Hoc eſt Corpus* à la hâte
De ma farine fait un Dieu.

XCVIII. EPIGRAMME.

L'Extrême-Onction.

Suson tout doux quittait la vie:
Pour l'exhorter, Pierre mandé
Sentit d'une incivile envie
Pour la Belle son V.. guindé.
Une forte & subite crise
L'enhardit & le favorise
A contenter sa passion.
Sur le fait on prend le Marouffle,
Qui dit, Paix! c'est le dernier souffle;
Je finis l'Extrême-Onction.

XCIX. EPIGRAMME.

L'Ordre.

Je n'ai qu'un Fils, & Dieu l'appelle,
Disait une Dame à Boyer:
S'il vous vaquait quelque Chapelle,
Monseigneur, daignez l'emploier.
Aurait-il reçu la Tonsure ?
Depuis deux ans, je vous l'assûre,
Il a la soutanne aux talons.
Un titre ? Il a, pour être Prêtre,
Tout ce qu'il faut. Ouï-dà ; peut-être.
Quoi donc ? un V.. & deux C.. lons.

C. EPIGRAMME.

Le Mariage.

Blaiſe aimait Claire, & Luc Catin;
Sots tous quatre, & ne paſſant outre.
Ils païent un Prêtre: en Latin
Il leur dit, De par Dieu, de F.....
Du Sacrement ſentant l'ardeur,
Blaiſe avec Claire, ſans pudeur,
Au pied de l'Autel s'incorpore.
Catin crie, Ah! cher Luc, f... tez-moi;
Car je tremble que de ta foi
L'effet ſans fruit ne s'évapore.

CI. EPIGRAMME.

Le Jugement dernier.

Dieu commande, & tout ressuscite.
Michel, par destination,
A haute voix devant lui cite
A son rang chaque Nation.
Dans une rapidité vive
Avait disparu la Gent Juive,
Quand certaine voix la suivit.
Je suis Juif, s'écriait un homme,
Et *Zorobabel* je me nomme.
Bon, dit Michel; voions ton V...

FIN.

www.ingramcontent.com/pod-product-compliance
Ingram Content Group UK Ltd.
Pitfield, Milton Keynes, MK11 3LW, UK
UKHW021551260726
13993UKWH00002B/761